8o:YR
4923

LES DEUX MACBETH,

OU

L'APOTHÉOSE DE DUCIS,

IMPROMPTU,

Mêlé de Chants et de Danses,

Par M. D*** ubois *j. B.*

Représenté pour la première fois à Paris, sur le Théâtre de la Gaîté, le 29 Mars 1817.

PARIS,

Chez BARBA, Libraire, Palais-Royal, derrière le Théâtre Français, No. 51.

De l'Imprimerie de Hocquet, rue du Faubourg Montmartre, n°. 4.

1817.

PERSONNAGES.	ACTEURS.
Le Roi DUNCAN.	M. *Lequien.*
GLAMIS, prince	N. *Dupuis.*
MACBETH, tragique . . .	M. *Marty.*
MACBETH, mime.	N. *Reynaud.*
FRÉDÉGONDE.	Mme. *Bussy.*
Un jeune BARDE.	Mme. *Adolphe.*
MELPOMÈNE.	Mlle. *Millot.*
UN ÉCOSSAIS parlant . . .	M. *Héret.*
Bardes.	
Soldats.	
Trois Sorcières.	

La scène est en Ecosse, dans une forêt.

A gauche, dans une grotte, la statue d'Os-
sian; à gauche, de même, une grotte.

LES DEUX MACBETH,

OU

L'APOTHÉOSE DE DUCIS,

Impromptu mêlé de Chant et de Danses.

SCENE PREMIERE.

Bruit de guerre, combats lointains.

Au lever du rideau, on voit les Bardes tenant des harpes et grouppés près de la caverne où se trouve la statue d'Ossian. Plus loin on voit les Ecossais, les femmes, les enfans qui regardent de tout côté avec inquiétude.

UN ECOSSAIS.

La victoire aura-t-elle couronné nos armes?

Air: *Je loge au quatrième étage.*

Tous nos soldats, dans leur furie,
Ne connaissent plus qu'une loi :
C'est de mourir pour la patrie,
Pour leur honneur et pour leur roi.
Espérons tous tant que nous sommes,
Nous vivons dans un tems heureux,
Où les dieux protègent les hommes
Qui savent respecter les dieux.

On entend crier: Victoire!

TOUS, *répètent.*

Victoire!

SCENE II.

Les Mêmes, le jeune BARDE.

Tout le monde entoure le jeune Barde.

LE BARDE.

Victoire! victoire! les Macbeth sont vainqueurs.

(4)

TOUS.

Les Macbeth ?

LE BARDE.

Oui , les Macbeth... Il y en a deux, l'un à pied, l'autre
à cheval.

TOUS.

Comment ?

LE BARDE.

Celui à pied.... Oh ! il a vraiment un air tragique.....

Air *de Lantara*.

Son regard jette l'épouvante ,
Son maintien est sombre , effrayant.
Mais si la gloire le tourmente ,
Il devient noble , il devient grand.
A ce Macbeth , héros , tiran , victime ,
Un triple hommage en tous lieux est rendu.
Il a toute l'horreur du crime
Et tout l'éclat de la vertu.

L'ECOSSAIS.

Et celui à cheval... comment dans les montagnes n'a-t-il
pas glissé ?

LE BARDE.

Oh ! il monte bien.

Air *de l'Avare*.

Il rappelle par son adresse
Ces tems que l'on croit fabuleux ;
Où l'on se disputait sans cesse
Sur des coursiers , le prix des jeux.
Ardent , plein d'un bouillant courage ,
Rien ne l'effraie en ses travaux ;
Il dompte tous les animaux .....
On dit qu'il a beaucoup d'ouvrage.

L'ECOSSAIS.

Mais si tu as vu deux Macbeth , n'aurais – tu pas aussi
deux Malcom ?

LE BARDE.

Sans doute.

L'ECOSSAIS.

En vérité ?

LE BARDE.

J'en ai vu deux ; un grand et un petit... Oh ! le petit est
charmant.

(5)

Air de la Bergère.

Près de Macbeth, qui pédestrement vole,
Le Malcolm tragique frappait ;
Près du Macbeth qui caracolle,
Le petit Malcolm galoppait.
Si le plus grand avait de l'éloquence,
Malcolm enfant, quoique muet,
N'a jamais gardé le silence ;
Dans ses yeux son âme parlait.

L'ECOSSAIS.

Jeune Barde, je crois que les combats t'ont dérangé la cervelle... Deux Macbeth !....

LE BARDE.

Oui... un comme cela. (*Il imite la pantomime de Talma.*)

L'ECOSSAIS.

Je le reconnais.

LE BARDE.

Un comme ceci. (*Il imite le pas d'un cheval.*)

L'ECOSSAIS.

Je ne le connais pas.

LE BARDE.

Il ne fait que de naître ; mais tu le verras, et plus souvent que l'autre... tu le verras tous les jours.

L'ECOSSAIS.

Tous les jours... Je croyais qu'on ne voyait Macbeth que bien rarement.

LE BARDE.

Air : *Vent brûlant.*

Oh ! tu verras sans cesse
Le cavalier Macbeth ;
Plein et d'adresse et de grâce,
A plaire il est tout prêt.
L'autre, d'humeur plus fière,
Ressemble aux feux brillans,
Que le ciel à la terre
Offre de tems en tems.

L'ECOSSAIS.

Nous verrons.... Et notre Roi ?

LE BARDE.

A propos, il va venir... Eh ! vite, vite... qu'il nous trouve disposés à le recevoir... Allons, en place... chantons, dansons, célébrons sa victoire... elle est la nôtre... Je vais chanter, dansez.

On danse sur la ritournelle ; puis tous se rapprochent.
Les Bardes répètent le refrain, et les Ecossais dansent.

Air nouveau, de M. Le Blanc.

LE BARDE.

Au sein des forêts,
Des campagnes,
Et sur les sommets
Des montagnes,
On prend pour loi
D'aimer son roi.

Les Bardes répètent ; les Ecossais dansent.

LE BARDE.

Il encourage
Nos travaux ;
Il dédommage
De tous maux.
Lui seul excite
La valeur ;
Lui seul mérite
Amour, bonheur.

Au sein des forêts, etc.

SCENE III.

Les Mêmes, le Roi, GLAMIS.

Le Roi Duncan arrive sans être vu et écoute.

LE BARDE,

Sur cette terre,
Dans tout lieu,
C'est notre père,
Notre Dieu.
Pour nous il laisse
Les honneurs,
Et sa richesse,
Ce sont nos cœurs.

Au sein des forêts, etc.

Les Bardes chantent, les Ecossais dansent: le Roi paraît au milieu d'eux tout-à-coup: tous se prosternent en criant: le Roi ! Le roi les remercie de leur témoignage d'attachement. Il fait distribuer à chacun de l'argent par ses officiers, puis il se retire, suivi jusqu'à la coulisse par le peuple qui le bénit.

SCENE IV.

Les danses vont recommencer. On entend une symphonie d'Haydn.

LE BARDE.

Qu'est-ce ?.... je connais cet air....

L'ECOSSAIS.

Qui ne le connaît pas ?... On nous endort avec cela tous les soirs.

LE BARDE.

Il nous annonce l'arrivée de Macbeth. Le voici précédé de Fredégonde qui l'entraîne malgré lui.

Tous les Ecossais se grouppent pour le voir entrer et reculent à mesure qu'il entre.

SCENE V.

Les précédens, FREDÉGONDE, MACBETH.

On voit entrer Frédégonde la première... Macbeth lui échappe elle s'attache à lui, et l'amène sur la scène.

FRÉDÉGONDE.

. . . . Pourquoi frémir ? (*)
Yphictonne l'a dit : sur tout ce qui te touche,
La vérité, Macbeth a parlé par sa bouche...
Oui, je l'entends encore : » dans le champ des guerriers,
» Ton noble front, Macbeth, s'est couvert de lauriers.
» Il ne te manque plus que le rang de ton maître.
» Sur cet illustre rang qui t'éblouit peut-être,
» Voici ce que le ciel t'annonce par ma voix :
» A l'Ecosse, bientôt, tu donneras des lois.
» Mon sceptre n'est point fait pour scéler un mensonge ;
» La couronne t'attend... » Souviens-toi de ton songe.
Règne, règne, Macbeth.

Les Ecossais sont effrayés.

MACBETH.

Comment y parvenir?
Je n'ose sans trembler, regarder l'avenir.
Encor, dans mes exploits, dans ma propre innocence,
Hélas ! si ma vertu trouvait quelqu'assurance !
Mais je cherche en moi-même un secret défenseur,
Et ne peux du repos éprouver la douceur.

____

(*) Ces vers sont tirés de la Tragédie. On a été obligé de les prendre dans plusieurs scènes pour précipiter l'action.

Je sens à chaque instant sous ma main dégoutante,
Un corps meurtri , du sang, une chair palpitante....
Oui , c'est moi, dans la nuit, sur un lit ténébreux,
Moi qui perce à grands coups un vieillard malheureux.

FRÉDÉGONDE.

Voici l'instant, Macbeth.... Ne vois que la couronne ;
Le sort te la promet, que ton bras te la donne.
Vers ce trône éclatant , de trépas en trépas,
Plus prompt que nos desirs , il t'entraine à grand pas.
Le tems s'enfuit, Macbeth ; roi quand Duncan sommeille,
Tu n'es plus qu'un sujet, si Duncan se réveille :
Elève, élève au ciel ton vol ambitieux:
Las d'avoir des égaux, disparais à leurs yeux.
L'oracle s'accomplit ; oui, ma grandeur s'apprête ,
L'éclat de tes rayons réjaillit sur ma tête.
Quel bonheur pour mon fils, et quel bonheur pour moi !
Je suis dans un instant mère et femme d'un roi.
Ah ! ne fais point languir ma superbe espérance !
Il est tems....

MACBETH.

　　　　Mais l'honneur , mais la reconnaissance,
Mais un vieillard , un roi , mon parent , mon ami ;
Au fond de son palais , sous ma garde endormi ,
Qui, si des assassins venaient pour le surprendre,
Crierait d'abord : Macbeth, Macbeth, viens me défendre :
Où s'allait égarer mon esprit éperdu !
J'immolerais Duncan , moi qui l'ai défendu !
A quel prix j'achetais l'honneur du rang suprême !
Mon fils peut être heureux sans sceptre et diadême.
Tous deux , à la vertu, formons un prompt retour ;
Tous les deux sans remords nous reverrons le jour.

PREDEGONDE.

Glamis sera donc roi !....

MACBETH.

　　　　Glamis !.... Non, non, sur l'heure,
Il faut frapper Duncan , il faut que le roi meure.
Envain je résistais.... ce coup m'est ordonné.
Par le sort en un mot, mon bras est entraîné ;
On dirait que ce sort, puisqu'à tout il préside
Sur ses tables de fer grava mon parricide.
Je m'arrête, et j'y cours. Marbres silencieux,
Soyez sans souvenirs , sans oreilles, sans yeux;

Doublez autour de moi vos épaisseurs funèbres ;
Ne sentez point mes pas glisser dans les ténèbres.

(*Il sort.*)

FRÉDÉGONDE.

Suivons, suivons ses pas, et sachons l'entraîner
Vers le forfait heureux qui doit nous couronner.

(*Elle court vers Macbeth et sort.*)

SCENE VI.

LE BARDE, Ecossais.

Celui-là, c'est le Macbeth à pied.

Air : *Voulant par ses œuvres complettes.*

Ah ! quelle verve et quel génie
Se décèlent dans ces discours !
Quelle brûlante poésie !
C'est ainsi qu'il parle toujours.
Il vous effraie, il vous enivre ;
Ce Macbeth que nous chérissons,
Est à pied... pourtant je réponds
Que peu de gens peuvent le suivre.

(*On entend une marche brillante ; mais dans le lointain.*)

LE BARDE

Voilà le Macbeth à cheval... que de monde ! que de soldats !
ah ! il aime la compagnie. . . il en a deux ou trois avec lui. !
(*La marche se joue plus près. Il y a trombonnes, cimbales, etc.*)

SCENE VII.

(*Une troupe considerable défile ; au milieu on voit Macbeth
à cheval : une sorcière tient la bride de son coursier, deux
autres sont de chaque côté, tenant ses étriers. Chaque
soldat a une bannière.*) (1)

LE BARDE.

Qui êtes-vous ?
(*Macbeth ordonne qu'on apporte une inscription : on l'apporte, et on lit : MACBETH.*)

____

(1) Dans cette scène, on a plutôt critiqué le genre que la pantomime
de *Macbeth*, car il n'y a qu'une seule inscription dans ce dernier ouvrage de M. *Cuvélier.*

Deux Macbeth.   B

LE BARDE.

Cela se voit... et puis?

(*Macbeth ordonne qu'on apporte une autre inscription ; on lit : Le roi me nomme duc de Caudor.*)

LE BARDE.

Pourquoi ne répondez-vous pas? vous pouvez parler.

(*Autre inscription.*)

Non.

LE GARDE.

Qui vous amène ici ?

(*Inscription.*)

La vengeance !

LE BARDE.

Que voulez-vous faire ?

(*Inscription.*)

Assassiner Duncan.

LE BARDE.

Pourquoi ?

(*Inscription.*)

Je n'en sais rien.

LE BARDE.

Voudriez-vous régner ?

(*Inscrsption.*)

Oui.

LE BARDE.

Qui vous entraine à ce crime ?

(*Inscriptton.*)

Le diable.

LE BARDE.

Qnel est ce diable?

(*Inscription.*)

Trois femmes.

(*Macbeth montre les trois furies.*)

LE BARDE.

Et vous croyez réussir ?

(*Inscription.*)

Oui, ou je tuerai tout le monde.

LE BARDE

Eh bien, si vous voulez tuer notre roi, commencez par nous.

(*Macbeth commande la charge. Ses soldats chargent les Bardes et les écossais qui tombent à genoux.*)

(*On apporte une inscription ; on lit : Victoire.*)

SCENE VIII.

(Les soldats reviennent.)

(Inscription des Soldats.)

Qu'allons nous faire ?

(Inscription que Macbeth présente lui-même.)

Dansez.

(Ballet guerrier, combat, marche, etc. A la fin du ballet on apporta une couronne que Macbeth met sur sa tête, puis il remonte à cheval.)

Où allons nous ?

(Inscription des soldats.)

Tuer Duncan.

(Inscription de Macbeth.)

Vive le bon Macbeth !

(Inscription des soldats.)

(On défile comme en entrant.)

SCENE IX.

Le Jeune BARDE.

(Il a paru plusieurs fois pendant la fête.)

Air : *Vous êtes vieux.*

Mais ce Macbeth est très-brillant,
Il mérite qu'on le renomme ;
C'est un très-agréable enfant,
Qui déjà marche comme un homme.
Son père, à ce héros muet,
Est un de ces joyeux apôtres,
Qui ne marche plus ; mais qui sait
Comment on fait marcher les autres.

O ciel ! j'aperçois le roi... heureusement qu'il fait nuit, et que les Macbeth ont pris une route bien opposée... éloignons-nous.

SCENE X.

(Le roi paraît triste, inquiet... Glamis l'invite à prendre du repos. Tous deux entrent dans la caverne d'Ossian.)

SCÈNE XI.

FREDEGONDÉ, MACBETH *égaré, le poignard] et la lampe à la main.*)

FRÉDÉGONDE.

De vos esprits troublés, n'êtes vous plus le maître?
Dans vos sombres fureurs....

MACBETH.

J'aurai parlé, peut-être.

FRÉDÉGONDE.

Oui.

MACBETH.

Me suis-je trahi?

FRÉDÉGONDE.

J'ai de vous par mes soins,
Heureusement, Macbeth, écarté les témoins.

MACBETH.

Sait-on que je voudrais devenir parricide?

FRÉDÉGONDE.

On l'ignore.

MACBETH.

Aucun mot, aucun geste perfide
Ne m'est échappé?

FRÉDÉGONDE.

Non.

MACBETH.

Je respire.... ah! voilà
L'objet de tous mes vœux... Frédégonde...

FRÉDÉGONDE, *voyant Duncan dans la grotte.*

Il est là...
Il dort...

MACBETH.

Il dort...

FRÉDÉGONDE.

Macbeth... la carrière est ouverte,
Tout sert à nos projets, tout répond de sa perte.

MACBETH.

Son sommeil?

FRÉDÉGONDE.

Est profond.

MACBETH.

Glamis?

FRÉDÉGONDE.
Est près de lui.

MACBETH.
Près de lui...

FRÉDÉGONDE.
Ne crains rien... c'est lui seul qu'aujourd'hui
L'Ecosse accusera... va , Macbeth...
(*Elle le pousse dans la grotte.*)
O vengeance...
Je règne... tout enfin assure ma puissance. (*Elle s'éloigne.*)

SCENE XII.

(*On entend un soupir... Macbeth sort effrayé et dans le désordre le plus affreux*).

MACBETH.
Quelle horreur ! quel forfait ! où fuir ? où m'éviter ?
Je vois son corps sanglant... Il semble m'arrêter !....
J'entends du bruit.... on vient... ô supplice ! ô prodiges !
Quoi ! de sa mort , par-tout j'aperçois les vestiges...
Il avait bien du sang.... Si je pouvais pleurer !...
Loin de moi , sans retour je me sens égarer...
Le désespoir.... Prions... Ciel qui... Tais-toi , perfide...
Ce mot vient d'expirer dans ta bouche homicide.
Mourons.... Il est des Dieux.... Je n'échapperai pas...
Je crains également la vie et le trépas ..
Macbeth poursuit Macbeth... Ah ! dans mon trouble extrême ;
Le plus grand de mes maux est de me voir moi-même.
(*Il tombe anéanti dans la grotte opposée à celle où il a frappé Duncan.*

SCENE XIII.

A ce moment, on voit reparaître Macbeth à cheval, le poignard d'une main, la lampe de l'autre. Quand il est à moitié du théâtre, il va droit à la grotte où est Duncan... Les Sorcières sont au fond.
Inscription.
Il est là. Frappons./
(*Il entre et sort tout étonné*).
Inscription.
Il est frappé.

De l'autre côté, Macbeth reparaît, et tous deux se trouvent
face à face.
Surprise.

MACBETH.

Je ne te connais pas.

MALBETH, *mime, met la main sur son sabre.*

MACBETH.
Qui t'amène en ces lieux ?

MACBETH, *mime, regarde vers la grotte, et laisse tomber*
son poignard.

MACBETH.

Viens-tu priver Duncan de la clarté des cieux ?

MACBETH, *mime, furieux dit que oui, mais qu'un autre*
l'a frappé.

MALBETH.

Un autre l'a frappé..... Cet autre, c'est moi-même.
(*Le mime lève son glaive*).
Une voix se fait entendre et dit :
Arrête.

MACBETH.

Melpomène !

SCENE XIV.

Les Mêmes, MELPOMÈNE, *sur un nuage.*

MELPOMÈNE.

Fils du Silence, arrête.... honore un fils que j'aime :
A tes nobles efforts, à tes nombreux travaux,
En secret j'applaudis ; mais voilà mon héros.
Il est seul, sans soldats ; mais Apollon, Minerve
Assurent son destin, et le tems le conserve.
Mille glaives levés ne peuvent que frapper l'air ...
Dans sa bouche est la foudre et dans ses yeux l'éclair.....
Offre donc avec nous l'hommage légitime
Que l'on doit à Macbeth. De ce fils magnanime,
Je vais montrant le père, augmenter ton respect...
Lève les yeux... Voilà le père de Macbeth.

SCENE DERNIÈRE.

Le Théâtre change.

On voit sous un pavillon Ducis ou son portrait entouré des noms de ses pièces en transparent.

Autour de lui sont les portraits de Corneille, Racine et Voltaire. Les Bardes sont grouppés près de ce trophée, ainsi que Frédégonde, un poignard à la main. Les Ecossais s'inclinent de même que les deux Macbeth et les soldats.

MELPOMÈNE.

Reconnaissez *Ducis*, fidèle à sa patrie,
À l'honneur, à son roi, fidèle à son génie.

MACBETH.

Ducis.... grâces à lui, je ne mourrai jamais....
Oui, je suis assuré d'un immortel succès.

Les Bardes jouent de leurs harpes.

Les femmes dansent.

Les enfans jettent des fleurs.

VAUDEVILLE.

Air des Filles à marier.

LE JEUNE BARDE.

Qu'au son de nos voix retentissent
Les grottes du barde Ossian,
Et que les neuf sœurs applaudissent,
Sur le parnasse, à notre juste élan.
Voilà celui dont la mâle éloquence
S'est signalée en d'immortels écrits ;
En lui, Sakespeare, à jamais tu revis.
Albion, l'Ecosse et la France
Doivent tous trois la couronne à Ducis.

CHŒUR.

Albion. l'Ecosse, etc.   (Danse.)

LE BARDE.

Qu'une impartiale justice
Guide l'hommage de nos cœurs.
Si Melpomène à Ducis fut propice,
Il dut beaucoup au premier des acteurs.
Il semble, en le voyant si sombre,
Qu'une furie en son sein le forma,
Que c'est l'enfer qui l'anima.
Ah ! de Ducis, bardes, imitez l'ombre,
Qui, chaque soir, vient couronner TALMA.

LE CHŒUR.

Ah ! de Ducis, etc.

On danse.

LE BARDE.

Les lauriers ont trouvé leur place ,
Maintenant jetons quelques fleurs
Sur deux talens que nul encor n'efface ,
Dont les succès parurent si flatteurs
N'oublions pas ces actrices sublimes ,
L'effroi , la terreur ou l'amour.
Et de la ville et de la cour ;
Quand Melpomène ouvre l'antre des crimes ;
On n'y voit plus et VESTRIS et RAUCOURT.

LE CHŒUR.

Quand Melpomène , etc.

On danse.

LE BARDE, *au public.*

En préférant Macbeth tragique
A Macbeth cavalier muet ,
Messieurs , d'une sage critique
Vous ne pouvez blâmer le trait.
(*montrant Ducis.*)
S'il est juste , l'encens qu'on donne ,
A ce poëte , à ses talens divins ,
Secondez de nobles desseins.
Nous n'avons fait que tresser la couronne
Et Ducis doit la tenir de vos mains.

LE CHŒUR.

Nous n'avons fait ,

On jette des fleurs. Frédégonde et Malbeth prennent des mains de Melpomène une couronne qu'ils placent sur le portrait de Ducis.

GROUPPE GÉNÉRAL.

Le rideau se baisse.

FIN.

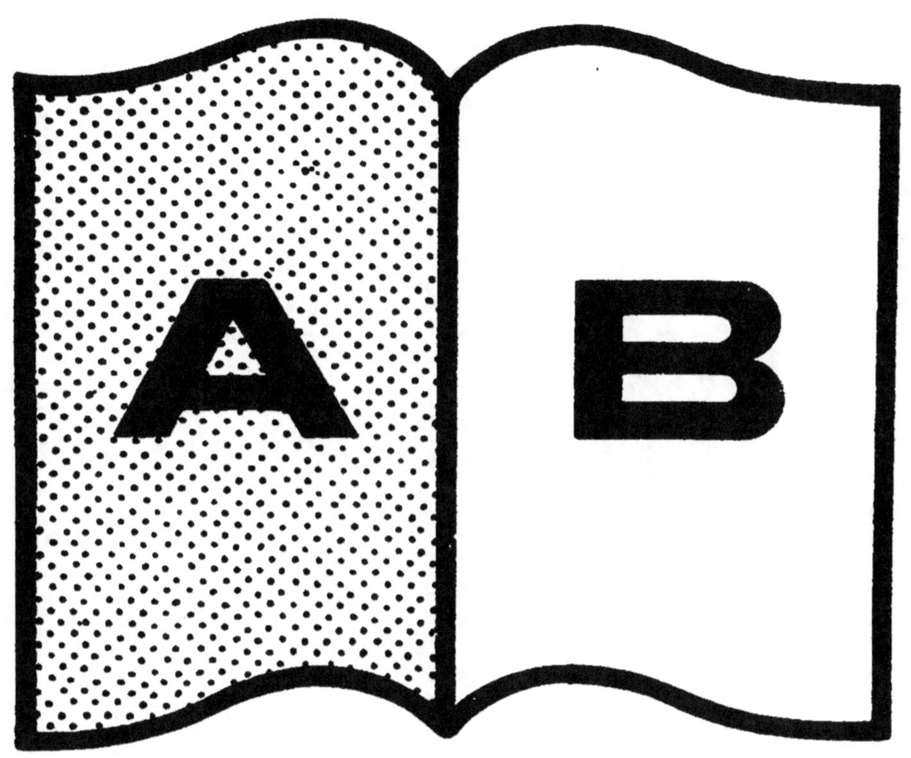

Contraste insuffisant

NF Z 43-120-14